AF509261

L'AGONIE

DE

LA LOTERIE.

(Premier coup de Cloche.)

PAR C. H. BRYON,

INGÉNIEUR-TOPOGRAPHE.

La véritable Philantropie crée ou détruit, selon
que cela peut augmenter le bien-être de
l'homme.

PARIS,

IMPRIMERIE DE GAULTIER-LAGUIONIE, RUE DE GRENELLE-SAINT-HONORÉ, N° 55.

1830.

BUT DE L'AUTEUR,

ET

VÉRITABLE ÉTAT DE LA QUESTION.

J'ai dit à quiconque a voulu l'entendre, que j'emploierais toutes mes facultés intellectuelles à hâter la suppression de la loterie : je tiens parole.

Jusqu'ici, une foule de combinaisons, plus ou moins ingénieuses, n'ont servi qu'à confirmer cette vérité : qu'après un tirage, les choses replacées *in statu quo*, il n'y a pas de raison pour espérer, au tirage suivant, la sortie de tel numéro plutôt que celle de tel autre.

Les probabilités mathématiques, modifiées d'après l'observation, seule chose qu'on puisse opposer aux caprices du sort avec quelque espoir de succès, n'ont laissé que des regrets à ceux qui s'en sont servi avec le plus de perspicacité. Ils ont été d'autant plus amers, que le futur, qu'ils croyaient avoir aperçu dans le passé, s'y montrait d'abord plus long-temps conforme, et ne laissait pas même entrevoir l'imperfection des observations, qui devait, tôt ou tard, occasionner l'insuffisance des auxiliaires.

De là ces fréquens désappointemens, qui convertissent en perte réelle ce que l'on a cru pouvoir considérer comme un déplacement momentané et profitable. ou qui nécessitent l'emploi d'un capital bien plus considérable que celui présumé nécessaire.

Cependant, ce problème n'est pas plus irrésoluble que ne l'étaient ceux de la duplication du cube, et de la trisection de l'angle.

Le premier qui, pour fixer en sa faveur une partie des chances imagina d'embrasser, dans son jeu, les 90 numéros; de les diviser en

séries, afin de se soustraire aux avantages que la loterie s'est ré-
servés envers ceux que, *par une ironie qui a quelque chose de cruel,*
elle nomme ses actionnaires, fit un grand pas ; mais, prêt à entrer, il
recula. La dernière partie de la question, fut pour lui l'arche sainte,
il n'osa y toucher. Il ne s'agissait pourtant que de répartir les sorties,
d'ailleurs certaines, sur toutes les séries à peu près également ; c'est-
à-dire , d'éviter le double écueil de diviseurs qui, en formant beau-
coup de jeux partiels, s'opposent naturellement à ce que cette répartition ait lieu dans des limites convenables, ou qui, en composant ces jeux d'un trop grand nombre de numéros, excluent tout
auxiliaire autre que (*pour parler la langue des joueurs*) la martingale double, triple, quadruple, et même quintuple. C'est là-dessus
que j'ai concentré mon attention. Je m'en suis occupé avec la volonté
ferme qui, dans les choses possibles, triomphe de tous les obstacles.
Je n'ai reculé devant aucune espèce de difficultés. Le sourire dédai-
gneux de l'ignorance, les sarcasmes de la malice, l'incrédulité, d'ailleurs assez naturelle, des gens sensés ; rien ne m'a rebuté.

Je n'ai jamais joué : jamais espoir déçu ni crainte justifiée n'ont,
en ce genre, tourmenté mon esprit ; si j'ai jugé sainement, je le
dois autant à cela, qu'à l'extrême circonspection que j'ai remarquée
dans des hommes que de fatales expériences ont subitement guéri
d'une confiance trop légèrement conçue.

MOYENS.

TYPE D'UN *JEU* D'EXTRAIT DÉTERMINÉ SUR DEUX SORTIES ; SON MÉCANISME, SES EFFETS CERTAINS.

<table>
<tr><td rowspan="2">Dizaines.</td><td>mise fixe. 25 c.</td><td>variable. 1 f. 50 c.</td><td>fixe. 25 c.</td><td></td></tr>
</table>

	mise fixe. 25 c.			variable. 1 f. 50 c.			fixe. 25 c.		
1re	2^e	3^e	4^e	5^e	6^e				*partie* A.
			4^e	5^e	6^e	7^e	8^e	9^e	*partie* B.

Les chiffres en gros caractère représentent, dans leur ordre naturel, les neuf premières dizaines dont trois se trouvent également dans la partie A et dans la partie B. Je nommerai ces parties *jeux* partiels.

Ainsi, 1re signifie les 10 premiers numéros ; 2e, les 10 suivans, et ainsi de suite*.

Afin d'être mieux compris, je vais donner une autre expression du jeu :

fixe. à 25 c.			variable. à 1 fr. 50.			fixe. à 25 c.	
les n^{os} d'un à dix inclus.	Id. de 11 à 20	de 21 à 30	de 31 à 40	de 41 à 50	de 51 à 60	. . . . A.	
		de 31 à 40	de 41 à 50	de 51 à 60	de 61 à 70	de 71 à 80	de 81 à 90 . . . . B.

Au simple aspect de ce mécanisme, présenté de deux manières

Qu'on ne s'imagine pas que je suppose quelque avantage attaché au choix de telle ou telle série de numéros. Je pense, au contraire, que lorsqu'on n'embrasse pas les 90, toute préférence est illusoire, et qu'elle est inutile si on les embrasse. J'ai pris les dizaines pour type, parce qu'elles m'ont paru propres à faciliter l'intelligence du jeu. Du reste, toute autre combinaison d'autant de numéros, mais arrangés comme ci-dessus, produirait le même effet.

différentes, on voit clairement que le jeu total se compose de douze dizaines ou 120 numéros, c'est-à-dire, une fois et tiers les 90 que la loterie embrasse; que chaque partie, ou jeu partiel, en contient six, et qu'elles en ont trois qui leur sont communes;

Que quoique le jeu total présente 120 numéros, il n'y en a que 90 qui soient réellement différens;

Que, dans chaque jeu partiel, trois dizaines ou 30 numéros, sont placés à 25 centimes, ce qui fait 7 fr. 50 c. sur une sortie, et 15 fr. sur deux.

Que trois autres dizaines sont à un prix sextuple, ou à un franc 50 centimes, et occasionnent une dépense de 90 francs pour les deux sorties; en tout, 105 francs.

Que les trois dizaines dont la mise est sextuple de celle des autres, sont celles qui sont communes aux deux jeux partiels A et B;

Que la mise la plus faible reste fixe, et que l'autre varie.

Il résulte *forcément* de ce que les deux jeux embrassent les quatre-vingt-dix numéros et deux sorties, qu'ils doivent renfermer, chaque tirage, deux des cinq numéros qui sortent *de ce qu'on appelle, assez improprement, la roue de fortune*; je dis improprement, *car en la désignant ainsi, on prend quelques exceptions pour la règle générale.*

Les conséquences naturelles de la répétition de trois dizaines, dans l'ensemble du jeu, sont : 1°, que lorsque les deux sorties forcées auront lieu dans les numéros communs aux deux jeux partiels, elles donneront quatre produits;

2° Que ces numéros, que j'appelerai *privilégiés* (à raison de ce qu'ayant une mise *sextuple* des autres, ils produiront six fois plus), ne peuvent pas se trouver dans un jeu partiel, sans être aussi dans l'autre;

3° Que dès-lors, les deux jeux produiront souvent ensemble;

4° Que la fréquence de ces produits, doubles sous le rapport des n^{os}, et sextuples sous celui de la mise, dépend de la proportion qui existe entre les dizaines dont la mise est variable, et les autres;

5°. Que cette proportion est, pour chaque jeu partiel, dans le rapport *d'un à un;*

6°. Que, d'après l'auxiliaire principal (*voir page* 11), toutes les fois que les sorties auront lieu sur les deux jeux, dans les dizaines *privilégiées*, chacune produira un bénéfice en sus de la somme des mises antérieures;

7°. Que la connexité entre les deux jeux partiels doit nécessairement mettre fin, assez souvent, à ce *sur-jeu*, inhérent à toute division des 90 numéros en séries, sur lesquelles les sorties ne peuvent agir simultanément, *sur-jeu* qui, dans le principe surtout, pourrait alarmer le spéculateur;

8°. Enfin, qu'un seul numéro sortant dans les dizaines *privilégiées*, suffit pour qu'il y ait gain sur le jeu dans lequel il sort, et même pour que toutes les fois que ce sera aux premier, second, troisième et quatrième coups, il y ait un bénéfice outre la rentrée de la mise totale.

Jusqu'ici je n'ai pas abandonné le terrain des certitudes; je n'ai fait à ce qu'on appelle le *hasard* aucune concession; j'ai, au contraire, détruit une partie de son *influence*, et sinon assuré, au moins préparé la répartition des sorties, qui est la condition de gain *sine quá non*.

Je porte ici le *défi formel* au pyrrhonien le plus entêté d'émettre à ce sujet aucun doute qu'il puisse justifier.

Forcé d'aborder les probabilités, je n'emploierai pas l'analyse mathématique, moyen sûr de découvrir des rapports inaperçus jusque-là, mais peu convenable à celui qui veut, en les communiquant, être entendu de tous.

Pour le faire avec plus de lucidité, j'examinerai d'abord, au point où je suis, les événemens possibles.

Il arrivera que les deux sorties auront lieu dans les dizaines d'un seul jeu, et dans celles dont la mise n'est que de 25 cent. par numéro;

Ou que, dans ces mêmes dizaines, il y en aura une dans le jeu A, et une dans le jeu B;

Ou que, les deux sorties se trouvant dans les numéros du même jeu partiel, il y en aura une dans les dizaines à 25 c. par numéro, et une dans celles à 1 fr. 50 c.;

Ou qu'une sortie tombera dans les *privilégiés* d'un jeu, et une dans les non-*privilégiés* de l'autre jeu;

Ou enfin, qu'elles seront toutes deux dans les *privilégiés*.

NUL AUTRE CAS N'EST POSSIBLE.

CONSÉQUENCES.

Pour les bien calculer, il faut se rappeler que chaque jeu partiel est composé de soixante numéros; que 30 d'entre eux, sont placés à 25 c. l'un, ce qui, sur deux sorties, fait 15 fr.;

Que les 30 autres le sont à 1 fr. 50 c., ce qui, aussi sur deux sorties, fait 90 fr.; que, par conséquent, au premier coup, la mise de chaque jeu partiel est de 105 fr., et celle des deux, ou du jeu total, de 210 fr.

Dans le premier cas, sur cette mise de 210 fr., le spéculateur ne retirera que 70 fois la mise de deux numéros à 25 c. ou 35 fr.; il sera donc en avance de 175 fr.

Dans le second cas, il en sera de même.

Dans le troisième, le numéro privilégié sorti se trouvant nécessairement dans les deux jeux, et à 1 fr. 50 c., doit produire deux fois 105 fr. ou 210 fr., qui, ajoutés à 17 fr. 50 cent., produit de la sortie d'un numéro à 25 cent., forment 227 fr. 50 cent., et, par conséquent, 17 fr. 50 cent. de bénéfice.

Dans le quatrième, le résultat est le même que dans le troisième.

Dans le cinquième, deux sorties dans les numéros privilégiés, qui se trouvent répétés, produiront 4 fois 105 fr. ou 420 fr., c'est-à-dire 210 fr. de bénéfice, mise totale remboursée. Ceci suppose qu'on est au premier coup. Nous verrons plus loin les effets pour les subséquens.

Je ne dois pas oublier de faire remarquer que sur cinq positions différentes dans lesquelles peut se trouver le spéculateur, deux seulement le forcent à une avance momentanée; que deux autres lui procurent un bénéfice, et que la cinquième DOUBLE LA MISE TOTALE; que, par conséquent, sur CINQ chances, TROIS lui sont entièrement favorables.

Assimilant celles dont les effets sont les mêmes, telles que la première et la seconde, la troisième et la quatrième, il n'en reste que trois, dont deux avantageuses.

Si l'on considère maintenant que chaque jeu se trouve subdivisé en deux parties égales de trois dizaines ou 30 numéros chacune ; qu'il n'y a, dès lors, aucune raison pour que les sorties aient lieu sur l'une plutôt que sur l'autre ; que l'auxiliaire obvie aux écarts, qui doivent être d'autant moins grands que les sorties sont forcées et qu'il y a deux chances favorables pour une qui ne l'est pas, on commencera à apercevoir que l'impossibilité prétendue de la solution du problème n'est qu'un préjugé.

Je ne m'appesantirai pas davantage là-dessus pour le moment ; de plus grands détails, surabondans pour les uns, seraient inutiles aux autres. Quelques applications suffiront pour que je n'aie provoqué aucune explication sérieuse.

J'en suis déjà au point où les avantages des entraves de la mise, ajoutés aux combinaisons sur lesquelles la loterie est fondée (*entraves qui font de ce jeu un véritable piége*), deviennent nuls. Déjà les deux tiers des chances sont pour le joueur, et je n'ai encore employé qu'une partie des auxiliaires dont je peux disposer. Le nombre des numéros, leur arrangement et la variété dans le prix des mises, ont tout fait. Ils ont ébranlé l'édifice ; les autres, le feront écrouler,

SUITE DES PROBABILITÉS.

De cela même qu'après un tirage, les choses replacées *in statu quo*, il n'y a pas de raison pour espérer, au tirage suivant, la sortie de tel numéro plutôt que celle de tel autre, on doit conclure que chacun des quatre-vingt-dix aura son tour, sinon régulièrement, au moins d'une manière irrégulièrement périodique. Prétendre le contraire, ce serait attribuer au sort une espèce de prédilection, chose absurde, ou, ce qui ne le serait pas moins, supposer de la fraude dans les tirages.

Si l'on consulte le passé, on voit qu'en somme, au bout d'un certain temps, le nombre des sorties est à très peu près égal à ce qu'indiquent les probabilités; mais que ces sorties n'étant pas équidistantes, il en résulte des écarts qui ne permettent de jouer avec quelque sécurité qu'au moyen d'auxiliaires propres les uns à hâter les sorties, les autres à atteindre les limites de ces écarts avec la certitude d'un bénéfice, et sans le besoin d'un capital infini.

L'avenir, pressenti par un simulacre de ce qui se passe aux tirages, confirme le passé.

Des observations suivies, qui l'embrassent tout entier, et quarante ans d'un *futur fictif*, m'ont prouvé que lorsqu'il y a incertitude sur les sorties, c'est-à-dire lorsqu'on n'agit pas sur les 90 numéros, le jeu se composât-il de 30, les probabilités mathématiques pouvaient être démenties jusqu'à six fois, et que si elles présagent une sortie en trois coups, elle peut n'avoir lieu qu'au dix-huitième. Ces observations ont été faites sur des jeux stationnaires, ou sans mouvement. D'autres, aussi nombreuses que les premières, ne laissent aucun doute que le mouvement diminue les limites des écarts au moins d'un tiers.

Mais je n'ai pas à m'occuper des probabilités mathématiques sous le rapport des sorties, puisque, dans les combinaisons que je présente, elles sont forcées. Je n'ai à les considérer que sous celui de la répartition de ces sorties, parce que c'est de leur fréquence dans les numéros privilégiés, que dépend le plus ou moins de bénéfice.

Au surplus, vouloir les réunir ici serait tout à fait contraire au plan que j'ai adopté. L'observateur les trouvera répandues dans l'ouvrage, et toutes placées là où elles peuvent le mieux aider l'esprit à se convaincre.

Je dois d'abord faire connaître l'auxiliaire principal.

AUXILIAIRE PRINCIPAL,

AGISSANT SIMULTANÉMENT SUR LES DEUX JEUX PARTIELS.

NUMÉRO D'ORDRE.	PARTIE FIXE.	PARTIE VARIABLE.		PRODUIT.			OBSERVATION.
	120 numéros à 25 cent. font 30 francs.	120 numéros à mise variable *.	MISE TOTALE.	de 2 numéros à mise fixe.	d'un numéro à mise fixe et d'un à mise variable.	de 2 numéros à mise variable.	
	f. c.	f. c.	f. c.	f. c.	f. c.	f. c.	
1	30 00	à 1 50	210 00	35 00	227 50	420 00	Ces élémens suffisent pour que celui qui connaît l'addition, la soustraction, et la multiplication, puisse aisément vérifier.
2	id.	à 2 00	270 00	id.	297 50	560 00	
3		à 3 00	390 00	id.	437 50	840 00	
4	Cette somme de 30 francs doit être ajoutée, chaque coup, à la mise des autres.	à 5 00	630 00	id.	717 50	1,400 00	
5		à 9 00	1,110 00	id.	1,277 50	2,520 00	
6		à 16 00	1,950 00	id.	2,257 50	4,480 00	
7		à 29 00	3,510 00	id.	4,077 50	8,120 00	
8		à 50 00	6,030 00	id.	7,017 50	14,000 00	
9		à 86 00	10,350 00	id.	12,057 50	24,080 00	
10		à 150 00	18,030 00	id.	21,017 50	42,000 00	
11		à 263 00	31,590 00	id.	36,837 50	73,640 00	
12		à 460 00	55,230 00	id.	64,417 50	128,800 00	

OBSERVATIONS IMPORTANTES SUR L'AUXILIAIRE PRINCIPAL (1).

Quiconque voudra se donner la peine d'examiner verra qu'au premier terme de l'auxiliaire, le produit de la sortie de deux numéros privilégiés double le capital avancé;

Qu'au second, au troisième et au quatrième coup, ces deux sorties procurent un bénéfice, outre la rentrée du capital (*bénéfice dont le terme moyen, si on peut le calculer, est de* 107 *fr.* 50 *c.*), qui ne s'est élevé, en huit jours, qu'à 1,500 francs.

---

* Il est peut-être superflu de dire que 60 numéros sur deux sorties, coûtent autant que 120 numéros sur une, et que l'indication de 120 au lieu de 60 n'a été employée que pour faciliter et abréger les calculs.

(1) Avant tout, prévenons que l'on peut combiner un auxiliaire applicable séparément à chaque jeu partiel, et que ce n'est pas sans de mûres réflexions que nous avons préféré celui qui agit simultanément sur les deux, lequel, à raison des rentrées partielles qui précèdent celle résultant de la sortie de deux numéros privilégiés, n'exige pas l'emploi d'un capital bien considérable pour atteindre les plus grands écarts possibles.

Que dans les coups subséquens, où les résultats paraissent négatifs, ils deviennent positifs par la somme des recettes antérieures, dont le *minimum* est de 35 francs par tirage;

Que ceux qui suivent, et dans lesquels le *minimum* des rentrées partielles, ajouté au produit de la sortie de deux numéros privilégiés, n'égale pas la somme de la dépense, sont à une distance telle du premier terme, qu'il est impossible (*comme on le verra*) qu'avant d'arriver là, il n'y ait pas eu, sur les deux numéros, sortie d'un privilégié.

Que le bénéfice, qui suit ici les chances du sort, *quoique toujours certain*, est variable, puisqu'il dépend de la fréquence des sorties dans les privilégiés;

Que le capital nécessaire pour n'avoir aucun danger à courir, ne s'élèvera jamais à ce qu'indique l'auxiliaire, par la raison bien simple que la sortie d'un numéro dans les privilégiés, qui doit avoir lieu souvent, le diminue d'une quantité qui serait entièrement bénéfice lorsqu'il en sort deux, sans la partie négative, ou si l'on veut, sans la différence en moins qu'il y a, à partir du troisième terme, entre leur produit et la somme des mises faites jusque-là. (*Voir la note au bas de la page* 11.)

DU MOUVEMENT.

Le mouvement, par son analogie avec la manière dont se font les tirages, est ce qu'il y a de plus propre à hâter les rencontres. Son influence, déjà grande lorsque les sorties sont incertaines, s'accroît sensiblement quand elles sont forcées, et qu'il ne s'agit plus que de leur répartition entre les diverses séries.

Trop prompt ou trop lent, il serait également funeste. Vouloir l'assujétir à des règles fixes, serait une prétention ridicule. Cependant l'observation (*seul guide que l'on puisse suivre ici*) si elle est bien faite, appuyée sur un auxiliaire dépassant le *maximum* des écarts qu'elle indique, ne laisse rien à désirer.

Ce mouvement est de deux sortes; l'une résulte naturellement de l'application du jeu à toutes les roues sans distinction; l'autre, du changement périodique des numéros qui composent les séries, changement au sujet duquel le parti le plus sage est de s'en rapporter au sort.

Il dépend toujours du nombre des numéros que le jeu comprend, de celui des séries, et ne peut être soumis à d'autres investigations qu'à celles résultant de la sagacité du joueur. En général, il est bon de changer l'ordre des numéros, lorsque les probabilités mathématiques ont été dépassées deux ou trois fois; mais il faut avoir un auxiliaire proportionné.

Je reviens aux probabilités.

A ce sujet, j'observerai d'abord que les deux jeux partiels A et B étant composés d'un même nombre de numéros, il n'y a pas de raison pour que les sorties aient lieu dans l'un plutôt que dans l'autre; qu'ainsi, à la rigueur, les deux sorties devraient être, l'une dans le jeu A, l'autre dans le jeu B, ou toutes deux alternativement dans l'un et dans l'autre.

Observons encore que les jeux partiels et le jeu total sont composés chacun d'autant de numéros privilégiés que d'autres.

D'un autre côté, chaque jeu partiel est la moitié du jeu total.

De cette triple égalité, on peut inférer (*mathématiquement parlant*) que les deux sorties arriveront tour à tour dans chaque jeu partiel, et qu'il y en aura une dans les numéros privilégiés, et une dans les autres.

Cela se confirme, mais en somme seulement et non d'une manière régulière, d'où il résulte nécessairement que quelquefois les deux numéros seront dans les non privilégiés, et quelquefois aussi tous deux dans les privilégiés.

Le cas où il en sortira un d'une espèce et un de l'autre, sera, sans contredit, le plus ordinaire. Cela est avantageux, parce que le produit de ces coups devant former la plus grande partie du bénéfice, il sera en proportion de leur fréquence, de leur distance au premier terme de l'auxiliaire, et de la différence positive ou négative entre la somme des mises et le produit de la sortie de deux privilégiés.

On voit, d'après cela, que cette dernière espèce de produit, en procurant à peu près la rentrée du capital avancé jusque-là, transforme en bénéfice les recouvremens antérieurs qui, en attendant, concourent à la suite du jeu en déduction de la somme dont l'auxiliaire indique que le spéculateur pourrait être à découvert.

Nous avons dit que, selon les probabilités, il devrait sortir, à chaque tirage, un numéro privilégié et un autre. Mais la mesure des plus grands écarts étant de six, il peut y avoir cinq coups sans numéro privilégié. Or, l'auxiliaire a douze termes (*il pourrait en avoir davantage*), et comme il embrasse les deux jeux partiels; que, dès lors, il est indifférent que ces sorties *mixtes* se trouvent dans l'un plutôt que dans l'autre, il est hors de doute qu'elles n'atteindront jamais cette limite.

Considérant le jeu total, les privilégiés y figurent pour un tiers, ce qui signifie, *toujours selon les probabilités*, que les deux numéros dont la sortie est assurée pourraient se trouver alternativement dans les trois parties égales qui le composent, ce qui établit, entre ces sorties, un rapport qui s'exprime par la fraction 1/3.

Divisant cette fraction par 6, *limite des plus grands écarts*, on a 1/18, c'est-à-dire qu'il peut y avoir dix-sept tirages sans que les deux numéros soient dans les privilégiés.

Ici, le nombre des termes de l'auxiliaire pourrait paraître insuffisant, si l'on ne se rappelait que le mouvement restreint les limites des écarts au moins d'un tiers. Je vais le prouver par un artifice bien simple, et fournir à chacun les moyens d'étendre ce nombre, de manière à dissiper toute espèce de crainte.

Ceci a toujours été, en même temps, la pierre d'achoppement des joueurs, et le fondement de la sécurité de la loterie, qui n'a pas honte de renforcer l'attrait d'un profit qu'elle sait bien être presque toujours imaginaire, par le bruit qu'elle fait au sujet de quelques quaternes dont la sortie est de temps à autre inévitable, tant à cause du grand nombre de joueurs qui placent sur cette chance, que de la diversité certaine des numéros qu'ils choisissent.

Voici en quoi consiste l'artifice que j'ai annoncé. Il exige que j'indique, en premier lieu, la manière de faire les billets.

Les cinq sorties peuvent être combinées deux à deux, de dix manières différentes.

Il faut d'abord composer son jeu en tirant tous les numéros au sort; prendre quatre billets de trente numéros chacun, dont deux semblables quant aux numéros et quant à la mise, et deux autres, du même nombre de numéros, à mise égale, mais dissemblables entre eux quant aux numéros; placer ces quatre billets en extraits déterminés sur deux sorties, et choisir, dans ces dix combinaisons des cinq sorties prises deux à deux, celle dans laquelle il y a le plus long-temps qu'il n'est sorti deux des trente numéros que le sort a fait privilégier à la composition du jeu. Enfin, appliquer successivement les termes de l'auxiliaire à ces quatre billets (1).

Huit ou dix tirages qui n'auraient fourni aucun des numéros privilégiés, suffisent pour écarter tout danger. Chacun peut en augmenter le nombre et le proportionner à sa crainte; cela ne coûte point d'argent, mais donne seulement un peu plus de peine pour former les billets au premier coup.

S'il arrivait qu'aucune des dix combinaisons ne pût remplir cette condition au gré du joueur, cela ne saurait l'arrêter : en effet, il est libre de composer son jeu en conséquence, et voici comment :

Supposons qu'il veuille ajouter quinze termes à l'auxiliaire, il prendrait indifféremment l'une des dix combinaisons des sorties dont il est question plus haut, compterait, à partir du dernier tirage, les quinze derniers numéros de chacune des deux sorties composant la combinaison, les inscrirait, les sortirait de la roue, et tirerait au sort dans les soixante autres pour obtenir les trente privilégiés. Comme le choix des numéros à mise fixe est assez indifférent, il les placerait selon ses idées.

Ce moyen, que je n'ai pas encore indiqué par la seule raison qu'il exige plus de temps que l'autre, est infaillible. Il peut augmenter

---

de trente le nombre des termes de l'auxiliaire, et l'amener ainsi à quarante-deux, c'est-à-dire, à dépasser TREIZE fois les limites fixées par les probabilités mathématiques.

Si le spéculateur le plus timoré n'est pas rassuré par là, qu'il ne joue pas, *c'est le seul conseil que j'aie à lui donner.*

Je prie ceux qui courent après quelques numéros qu'ils nomment retardataires, et dont la confiance doit être en raison inverse des espérances qu'ils conçoivent journellement, de faire bien attention qu'ici, on agit, quant aux privilégiés, sur trente numéros et deux sorties; que celle d'un seul est profitable; que celle de deux, qui ne forment qu'un quinzième du tout, atteint le but. J'ajouterai qu'un numéro quelconque doit sortir et sort en effet, terme moyen, dix fois sur les cinq sorties en cent quatre-vingts tirages ou un an (*je parle des cinq roues*); que pour trente, sur deux sorties, cela fait, dans le même temps, soixante numéros à espérer, et avec d'autant plus de raison, que, dans l'hypothèse, il n'y a aucun tirage improductif sous le rapport des sorties.

S'ils développent cette idée, ils seront convaincus qu'il n'y a rien de commun entre ces deux méthodes, dont l'une doit être essentiellement décevante puisque tout y est soumis à l'empire du hasard; tandis que l'autre, basée sur une grande échelle, appuyée d'auxiliaires puissans, ne saurait être mise en défaut *sans que le sort cessât d'être ce qu'il est.*

Que répondrai-je à ceux qui, d'un air comiquement grave, vous opposent cet argument, si péremptoire selon eux : «*Qui vous assure « que ce qui est arrivé arrivera encore?* »

Et à ceux qui, ne soupçonnant d'auxiliaire possible que la martingale, moyen sûr d'absorber d'immenses capitaux, croient de bonne foi « *que la loterie a été créée pour enrichir les millionnaires?* »

Rien! Laissons à ces échos d'une impuissance bien constatée, le soin de perpétuer un préjugé dont, bon gré mal gré, la raison ne tardera pas à faire justice. Abandonnons-les dans le cercle de ces idées, dont ils ont, la plupart, acheté chèrement le droit de ne pas sortir.

Quant à moi, que ces raisonnemens ont plus assourdi que convaincu ; qui ne me sens pas disposé du tout à agir, en aucun genre, de telle manière, par l'unique raison que mes ancêtres faisaient ainsi, j'ai cherché, en m'appuyant sur tout ce que des observations suivies m'offraient de conséquences certaines, à découvrir les véritables données du problème, dont la solution, dès lors, ne pouvait plus m'échapper.

En effet, IL EST RÉSOLU, et il l'est si complètement que la solution embrasse toutes les chances simples et déterminées, et peut être appliquée aux capitaux les plus minimes.

Ainsi, que les petits capitalistes ne s'effraient pas ; je ne déshérite personne du droit de concourir à *une bonne œuvre*. Je dis à *une bonne œuvre*, car c'en est une, en effet, que de faire disparaître un abus aussi grand. C'est rendre service à la fois, à la société, et au gouvernement surtout, dont l'intérêt bien entendu, en fait d'impôts, est dans leur exacte répartition. C'est encore une *bonne action*, si on l'envisage relativement à l'influence qu'elle peut avoir sur les autres loteries de l'Europe, qui, ne différant de celle de France que sous le rapport des produits (*qu'elles octroyent, sans doute aussi, par forme de lot*), n'ont aucun moyen de se soustraire à ce genre de combinaisons, parce qu'il sort du cercle de celles qui ont servi à fonder la loterie, et échappe aux entraves dont on les a corroborées.

Les nombres sont susceptibles de tant d'arrangemens divers, qu'on est autorisé à penser qu'il n'a manqué, jusqu'ici, qu'un peu plus de constance et de ténacité pour déjouer tous ces calculs.

J'ai promis des applications ; elles sont nécessaires pour l'intelligence de la chose, qui, abstraite de sa nature, ne peut être rendue d'une manière bien sensible par un tableau purement métaphysique ; cependant je me bornerai à une seule, pour deux motifs. Le premier, c'est qu'un exemple pris au hasard suffit pour que le lecteur puisse, en l'imitant, former lui-même sa conviction ; le second, c'est que, quelque bonne foi que j'apporte dans les tirages, je serai toujours soupçonné d'avoir arrangé les choses de la manière la plus avantageuse à mon système. *En cette matière, la défiance est si excusable !*

3

APPLICATION.

FORMATION DU JEU SELON CE QUI A ÉTÉ DIT.

Cet essai est réellement tiré au sort : on s'en apercevra en considérant les effets qui sont, parmi les chances à courir, les moins avantageux, bien qu'ils produisent environ *le trois cent pour cent* du capital avancé.

A $\Big\{$

2.3.5.6.8.10.12.13.14.16.17.21.22.23.24.25.26.29.30.31.33.35.37.38.39.41.42.43.44.45.

1.4.7.9.11.15.18.19.20.27.28.32.34.36.40.52.54.65.66.68.72.75.76.79.81.84.86.87.88.90.

46.47.48.49.50.51.53.55.56.57.58.59.60.61.62.63.64.67.69.70.71.73.74.77.78.80.82.83.85.89

Les trente numéros privilégiés, qui sont communs aux jeux partiels A et B (*ligne du milieu*), sont ceux qui, à partir du dernier tirage de janvier 1812, n'étaient pas sortis de la roue en première et seconde sorties, depuis 55 tirages. Les autres ont été inscrits sans aucune précaution, comme il est indiqué page 15.

Je ne dois pas oublier de dire que le jeu, une fois formé, il l'est pour long-temps ; qu'il suffit de distraire des privilégiés ceux qui sortent ; de les reporter dans les non privilégiés, à la place de ceux que le sort aura désignés dans ceux-ci pour les remplacer. De cette manière, le jeu continue à offrir les mêmes certitudes qu'à sa formation ; car, l'auxiliaire, aidé de l'artifice, dépasse toujours treize fois les probabilités.

RÉSULTAT,

PRIS DANS LES TIRAGES QUI SUIVENT LE DERNIER DU MOIS DE JANVIER DE LA MÊME ANNÉE.

N° D'ODRE.	NUMÉROS ARRIVÉS EN 1ʳᵉ ET 2ᵉ SORTIES.		MISES.	RENTRÉES.	DIFFÉRENCE ENTRE les mises et les rentrées.
	non privilégiés.	privilégiés.	f. c.	f. c.	
1	64	1	210 00	227 5o	Les 2 premiers coups ont produit, en bénéfice total, 35 francs.
2	89	88	210 00	227 5o	
3	26	3o	210 00	35 00	Les trois suivans, ont exigé une avance de 9ro francs,
4	71	5r	270 00	35 00	qui ont rapporté, dans dix jours (y compris les 35 francs
5		72,15	39o 00	84o 00	de bénéfice sur les deux premiers) 75 francs, ou environ *le* 3oo *pour* roo.
TOTAUX.			1,290 00	1,365 00	

La somme de la dépense semble s'élever à 1,290 francs; mais ce que l'on a reçu dans l'intervalle entre le premier et le dernier coup, fait que l'avance réelle (*précomptant les rentrées antérieures*) n'est que de 765 francs.

Chacun peut faire ce que j'ai fait pour continuer les essais. Si le passé ne lui inspire pas de confiance, rien ne l'empêche de pressentir une sorte d'avenir, en s'en rapportant au sort.

Les idées présentées sous la forme d'état, ne conviennent pas à tout le monde. Cela me détermine à donner un second résultat, mais d'une manière différente.

Pour éviter les lenteurs, je ne changerai pas le jeu.

1ᵉʳ Tirage. Mise 210 fr.	Sorties 2 numéros non privilégiés.	Recette.	35 f. 00 ç.
2ᵉ id. id. 270	id. id.	id. .	35 00
3ᵉ id. id. 39o	id. 1 privilégié et un autre.	id. .	437 5o
4ᵉ id. id. 63o	id. 2 privilégiés.	id. .	1,400 00
TOTAUX. . 1,5oo	. . . .		1,907 5o
	Somme des mises.		1,5oo 00
	Différence en bénéfice.		4o7 5o

Au premier coup, le spéculateur a avancé 210 francs, et n'en a recouvré que 35.

Au deuxième coup, il avait avancé 445 francs, et n'a retiré que 35 francs.

Au troisième, il avait déboursé 800 francs, et reçu 437 francs 50 centimes.

Au quatrième, enfin, la somme de la dépense, défalcation faite des rentrées antérieures, s'élevait à 992 francs 50 centimes; il a recouvré 1,400 francs. Bénéfice net, 407 francs 50 centimes.

Ainsi, le plus grand capital avancé, n'a pas atteint 1,000 francs qui, en huit jours, ont produit plus de 400 francs, c'est-à-dire environ le 1800 pour 100.

Il faudrait de trop grands développemens pour donner à ce calcul la précision dont il est susceptible. Ce qui lui manque, sous ce rapport, étant désavantageux pour la chose, je le laisserai tel que.

Maintenant, si l'on prend le terme moyen du bénéfice, on voit que l'intérêt s'est élevé à environ 1100 pour 100.

Que l'on multiplie ces essais autant qu'on le voudra, on obtiendra toujours des résultats à peu près semblables ; un peu plus ou un peu moins de capital (*mais n'allant jamais à la somme indiquée dans l'auxiliaire*), voilà la seule différence.

J'ai acquis à cet égard une telle conviction (1), que si j'étais propriétaire foncier, je n'hésiterais pas à hypothéquer mes propriétés pour sûreté des capitaux dont la direction me serait confiée.

Il s'est établi, depuis quelque temps, des compagnies pour des choses d'une utilité moins grande et dont les avantages, pour les actionnaires, sont bien moins certains.

Espérons qu'avant le *second coup de cloche*, les capitalistes n'auront pas laissé échapper l'occasion de faire rendre en masse à l'industrie, ce qu'on lui enlève depuis si long-temps en détail, et qu'à cette idée, malheureusement trop enracinée, *que la loterie est un*

---

(1) Elle est au point, que je jouerais sans crainte sur le type du jeu, c'est-à-dire, sur la division en dizaines.

mal nécessaire, on verra succéder celle plus saine, qu'il est nécessaire et facile de l'extirper.

Je traiterai subséquemment toutes les chances. J'acheverai l'extrait déterminé. Je continuerai par l'ambe (*déterminé aussi*) au sujet duquel j'ai des aperçus *peut-être nouveaux* à communiquer. Après cela, les chances simples.

Lorsque je cesserai de m'occuper de la loterie, sa dernière heure aura sonné. J'examinerai ensuite successivement LA ROULETTE ET LES AUTRES JEUX DE HASARD.